Bibliografische Information der Deutschen Nationalbibliothek:

Die Deutsche Bibliothek verzeichnet diese Publikation in der Deutschen National-
bibliografie; detaillierte bibliografische Daten sind im Internet über http://dnb.d-
nb.de/ abrufbar.

Impressum:

Copyright © 2016 GRIN Verlag
Druck und Bindung: Books on Demand GmbH, Norderstedt Germany
ISBN: 9783346109675

Dieses Buch bei GRIN:

https://www.grin.com/document/509786

Eloise Hammer

Dienstleistungen und Service Management

GRIN Verlag

GRIN - Your knowledge has value

Der GRIN Verlag publiziert seit 1998 wissenschaftliche Arbeiten von Studenten, Hochschullehrern und anderen Akademikern als eBook und gedrucktes Buch. Die Verlagswebsite www.grin.com ist die ideale Plattform zur Veröffentlichung von Hausarbeiten, Abschlussarbeiten, wissenschaftlichen Aufsätzen, Dissertationen und Fachbüchern.

Besuchen Sie uns im Internet:

http://www.grin.com/

http://www.facebook.com/grincom

http://www.twitter.com/grin_com

Einsendeaufgaben

Abgegeben am 06. Mai 2016 im Prüfungssekretariat
Modulverantwortlicher Hochschullehrer:
SRH Fernhochschule Riedlingen

Modul: Dienstleistungen und Service Management
Studiengang: Sportmanagement

von
Eloise Hammer

Abkürzungsverzeichnis

VN   Versicherungsnehmer

VA   Versicherungsanbieter

Bspw. Beispielsweise

Z.B.   Zum Beispiel

Im Rahmen des Themenkatalogs des Moduls "Dienstleistungen und Service Management", behandelt der folgende Aufgabenteil der Einsendeaufgaben die Problematik der "Asymmetrischen Information".

Die "Asymmetrische Information" ist eine Art des Marktversagens, bei der schlechte Produkte dazu neigen, gute Produkte vom Markt zu vertreiben. Ihre Problematik besteht darin, dass eine Marktseite im Rahmen einer Transaktion oder Markthandlung einen Informationsnachteil gegenüber der anderen Marktseite hat.[1] In einem funktionierenden Markt geht man von einer vollständigen Markttransparenz aus, diese Annahme ist in der Realität für die meisten ökonomischen Entscheidungen allerdings nicht haltbar.[2]

Der Hauptgrund für das Entstehen "Asymmetrischer Informationen" liegt in dem Vorhandensein privater Informationen im Marktgeschehen.[3]

Diese Informationen können sich auf die Qualität oder den Zustand eines Gutes beziehen (adverse Selektion), oder aber auf Handlungen, die nur eine Marktseite beobachten kann (Moral Hazard). Die zentrale Annahme mikroökonomischer Modelle ist die *vollständige Information*. Es wird also davon ausgegangen, dass alle Beteiligten sämtliche Umweltzustände kennen und beobachten können,diese Informationen stünden außerdem kostenlos für Jedermann zur Verfügung.[4]

In der Realität sieht das aber anders aus, denn es verfügen nicht alle Beteiligten über sämtliche Informationen, diese müssen erst beschafft werden. Die Informationsbeschaffung ist allerdings nicht kostenlos und verursacht Transaktionskosten.

Das Problem "Asymmetrischer Information" wird hauptsächlich im neoinstitutionalen Ansatz der "Prinzipal - Agent - Theorie" thematisiert.[5]

Diese beschäftit sich mit der Betrachtung der Beziehung zwischen Auftraggeber (Prinzipal) und Auftragnehmer (Agent). Die Theorie ist dadurch gekennzeichnet, dass der Prinzipal über weniger Informationen verfügt, als der Agent.

---

[1] Vgl. „Asymmetrische Information" (19.April 2016), http://www.marktversagen-fernuni.de.
[2] Vgl. „Asymmetrische Information" (19.April 2016), http://www.marktversagen-fernuni.de.
[3]Vgl. „Informationsasymmetrie – Was ist das?" (18. April 2016), http://www.informationsasymmetrie.info
[4]Vgl. „Asymmetrische Information" (17. April 2016), http://de.wikipedia.org
[5]Vgl. „Asymmetrische Information" (17. April 2016), http://de.wikipedia.org

Im Allgemeinen wird die "Asymmetrische Information" in drei Grundtypen unterschieden:[6]

- **hidden characteristics (verborgene Eigenschaften):**

Die hidden characteristics sind verborgene, unbeobachtbare, unveränderliche Eigenschaften des besser Informierten.

Die Qualität der angebotenen Leistung kann vor Vertragserfüllung (ex ante) vom Prinzipal nicht beurteilt werden, sondern wird erst nach Vertragabschluss (ex post) offenbart. Dabei entsteht die Gefahr adverser Selektion (nachteiliger Auswahl). Der Agent kann ex ante falsche Tatsachen vorspielen, dies birgt das Risiko der Auswahl unerwünschter Vertragspartner. (z.B. Auf dem Versicherungsmarkt; die Versicherer können nicht beurteilen, welches Risiko Versicherte individuell darstellen).

- **hidden action und hidden information (verborgene Handlung oder Information):**

Die Informationsasymmetrien treten nach Vertragsabschluss (ex post) und während der Vertragserfüllung auf.

Bei der hidden action führt der Agent eine Handlung aus, die der Prinzipal nicht vollständig beobachten kann.

Bei der hidden information dagegen kann der Prinzipal die Handlung beobachten, kann aber ihre Qualität nicht einschätzen.

Das Problem dabei ist, dass der Prinzipal nicht beurteilen kann, ob das Ergebnis durch Umweltzustände zustande gekommen ist, oder tatsächlich durch die Qualifikation des Agenten.

Dies birgt die Gefahr des "Moral Hazard"; der Agent nutzt dieses Unwissen des Prinzipals opportunistisch, ohne nachträglich entlarvt werden zu können. Er versucht also sein Eigeninteresse auf Kosten des Prinzipals durchzusetzen.

- **hidden intention (verborgene Absicht):**

Der Prinzipal weiß ex ante nicht, wie sich der Agent im Laufe der Leistungsbeziehung verhält und welche Motive er verfolgt. Die Handlungen des Agenten sind dem Prinzipal nicht verborgen, offenbaren sich allerdings erst ex post.

Dabei entsteht die Gefahr des "hold up" (Ausbeutungsrisiko). Der Prinzipal hat seine Investition getätigt und ist nun darauf angewiesen, dass der Agent seinen vereinbarten Teil (des Vertrages) erfüllt.

---

[6]Vgl. „Asymmetrische Informationsverteilung" (18. April 2016),
http://www.wirtschaftslexikon24.com

4

Zusammenfassend stellt sich also vor Vertragsabschluss (ex ante) das Problem der Auswahl des richtigen (Vertrags-) Partners.

Eine *adverse Selektion* kann auftreten, wenn die Qualität des potentiellen Kooperationspartners nicht richtig eingeschätzt werden kann.

Nach Vertragsabschluss (ex post) kann sich asymmetrische Information negativ auf die Stabilität einer Kooperation auswirken.

Moral Hazard und *hold up* können auftreten, wenn Absichten verborgen werden können. Dies ist besonders gefährlich, wenn bei Vertragsabschluss nur einseitig investiert wurde. Das Vertrauen zwischen Partnern und der Zielerreichung des Kooperationsvorhabens können darunter leiden.

Lösungsmöglichkeit für das Problem der "asymmetrischen Information" ist zum einen der *Screeningmechanismus* und zum anderen der *Signalmechanismus*.[7]

Beim Screeningmechanismus kann der schlechter Informierte die asymmetrische Information abbauen oder gegebenenfalls sogar beseitigen, wenn er dem besser Informierten Anreize bietet, seine verborgenen Eigenschaften oder Handlungen zu offenbaren. Der Prinzipal nimmt also Kosten auf sich (Transaktionskosten), um mehr über den Agenten zu erfahren. (Bspw. im Assessment - Center, Probefahrten beim Autokauf).

Beim Signalmechanismus kann der Agent, durch Kosten, die er aufnimmt, seine Eigenschaften signalisieren. Sein Nutzen (Vorteile abzüglich der Transaktionskosten) muss für den erwünschten Agent positiv sein.

Der Staat hat dem Problem der "asymmetrischen Information", durch staatliche Zertifizierungen, das Produkthaftungsgesetz und dem Gewährliestungsrecht, versucht entgegenzuwirken. [8] Er will den Vetragsparteien,durch diese Gesetze, den Vertragsabschluss erleichtern.

Eine Marktlösung wird vom Staat allerdings nicht ausgeschlossen, da von Unternehmen weiterhin private Signale gesetzt werden (z.B. 3 Jahre Garantie eines Autoherstellers). Der Staat legt nur Mindeststandarts fest.

Als Beispiel, für eine Dienstleistung, die abgesetzt werden soll, behandeln die folgenden Abschnitte das Zustandekommen eines Versicherungsvertrags, für eine Krankenversicherung, zwischen Versicherungsnehmer (VN) und Versicherungsanbieter (VA).

---

[7]„Asymmetrische Information" (19. April 2016), http://www.marktversagen-fernuni.de
[8]Vgl. „Asymmetrische Information" (17. April 2016), http://de.wikipedia.org

Zuerst informiert sich der VN über die Qualität des VA, kommt es zu Vertragsgesprächen, gibt der VN wichtige, persönliche Informationen über sein Risiko preis (z.B. Vorerkrankungen, Erbanlagen, Alter, Beruf etc.).

Mit Abschluss des Vertrags verpflichtet sich der VA (Prinzipal) zu einer Versicherungsleistung. Der VN (Agent) zahlt als Gegenleistung zur Risikoübernahme eine Versicherungsprämie.[9]

Der VN kann die Dienstleistung vor dem Kauf allerdings nicht testen.[10] Auf einem Versicherungsmarkt kann Versicherungsschutz in beliebiger Höhe gekauft werden.

Es gibt Personen mit hohem Risiko und welche mit niedrigem Risiko, krank zu werden. Dadurch, dass der VN eine bessere Kenntnis hat, zu welcher Risikogruppe er gehört und der VA besser über Schadensverteilungen und Schadenseintrittswahrschenlichkeiten informiert ist, exisiteren auch auf dem Versicherungsmarkt "Asymmetrische Informationen".

Auch hier lassen sie sich in drei Grundtypen einteilen, die zu Problemen bei der Risikoteilung auf dem Versicherungsmarkt führen können.

Zum einen entstehen Probleme durch "hidden characteristics". Es gibt Merkmale des Agenten (VN) z.B. seine Zugehörigkeit zu einer Risikogruppe, die er nicht beeinflussen kann.

Der Prinzipal (VA) erhält erst ex post genauere Informationen über die, für seine Entscheidung wichtigen, Merkmale.[11] Sein Problem liegt darin, Versicherte mit höherem und welche mit niedrigerem Risiko zu unterscheiden.[12]

Dies ist meist nicht möglich, da VN opportunistisch handeln können und bestimmte Angaben verschweigen, oder falsche Angaben machen können, das führt zu einer geringeren Beitragsprämie.

Ein weiteres Problem entsteht durch "hidden intention", denn das Verhalten des Agenten ist noch variabel (er kann es nach Vertragsabschluss noch beeinflussen). Solche Vertragslücken entstehen, weil nicht alle Szenarien vertraglich festgehalten werden können. Über bestimmte Merkmale, wie Fairness und Kulanz, erhält der Prinzipal erst ex post genaue Informationen.[13]

Der VA hat also Spielräume bei der Kostensteigerung und der Servicequalität.[14]

---

[9]Vgl. Trumpp, A.: 1995, S.248.
[10]Vgl. Arrow, K.J.:1963, S.949.
[11]Vgl. Spremann, K.: 1990, S.566
[12]Vgl. Rothschild, M./Stieglitz, J.:1976, S.632
[13]Vgl. Spremann, K.: 1990, S.566f
[14]Vgl. Finsinger, J.:1983, S.19

Das dritte Problem liegt in der "hidden action", diese ist vom Agenten beeinflussbar und dem Prinzipal ex post verborgen.

Der Prinzipal kann nicht erkennen, ob das Verhalten des Agenten oder andere Umwelteinflüsse das gewünschte Ergebnis herbeigeführt haben.

Dieses Problem kann durch Anreizsysteme, Kontrollen, Sanktionen und Regulierungen des Staates gemindert werden.

Kurzgesagt bedeutet das, dass der Agent den Versicherungsfall besser beurteilen und die Eintrittswahrscheinlichkeit besser beeinflussen kann.[15] Der VA kann ihn daran nicht hindern, er ist also mit den Problemen Adverser Selektion und Moral Hazard konfrontiert.

Die Adverse Selektion kann auf dem Krankenversicherungsmarkt zu Marktversagen führen.[16] Die VA wissen, dass es 'gute' und 'schlechte' Risiken gibt, können die VN aber keinen einzelnen Gruppe zuordnen.

Die Kosten der Versicherungsprämien leiten sich also von den Durchschnittskosten einer Erkrankung ab.

Die Konsequenz ist, dass sich 'gute' Risiken nicht versichern,[17] also den Markt verlassen und mehr 'schlechte' Risiken versichert sind.

Wenn der Kreis der Versicherten also nur noch aus alten und kranken Menschen besteht, kann die Versicherung die anfallenden Kosten nicht mehr tragen.[18]

Aus diesem Grund wurden Möglichkeiten entwickelt, diesem Szenario vorzubeugen.

Eine Möglichkeit ist das Screening. Vor dem Abschluss einer Krankenversicherung müssen VN Fragebögen ausfüllen. Aber auch hier gibt es ein Problem, denn VN antworten nicht immer ehrlich, wenn sie keinen Anreiz dazu haben.

Die andere Möglichkeit ist das Signaling. Kunden mit 'gutem' Risiko nehmen Kosten auf sich, um ihr Risiko zu offenbaren,[19] dies wird von der Versicherung, durch eine geringere Beitragsprämie, belohnt.

Um das Abwandern der 'guten' Risiken zu verhindern, wurde vom Staat eine Pflichtversicherung eingeführt,[20] was zur Folge hat, dass ein subventioniertes Gleichgewicht entsteht: 'Gute' Risiken gleichen den Versicherungspool durch hohe

---

[15]Vgl. Hellwig, M.:1988, S.1065
[16]Vgl. Akerlof, G.A.:1970, S.492ff
[17]Vgl. Browne, M.J.:1992, S.13
[18]Vgl. Zweifel, P./ Eisen, R.:2003, S.295
[19]Vgl. Hirshleifer, J./ Riley, J.G.:1992, S424
[20]Vgl. Zweifel, P./ Eisen, R.:2003, S.387

Prämien aus, 'schlechte' Risiken mit geringen Beiträgen (im Vergleich gesehen, zu den Leistungen, die sie in Anspruch nehmen), werden subventioniert.[21]

Eine Minderung des Moral Hazard ist für VA möglich, indem sie den VN einen Anreiz bieten, die Eintrittswahrscheinlichkeit eines Schadensfalls möglichst gering zu halten. Beispielsweise wird der VN, der regelmäßig zur zahnärztlichen Kontrolle gegangen ist, im Schadensfall durch einen geringeren Eigenanteil am Zahnersatz, von der Krankenkasse unterstützt.

Die Auseinandersetzung mit dem Thema hat gezeigt, dass Informationsasymmetrien auf dem Versicherungsmarkt in der Lage sind, Probleme hervorzurufen, die zu einem Marktzusammenbruch führen können.

Durch Ausnutzen von Informationsvorsprüngen kann es zu Adverser Selektion und Moral Hazard kommen. Das Versicherungsunternehmen wird die Kosten höherer Forderungen nicht mehr tragen können, weil die durchschnittlichen Prämien nur die 'schlechten' Risiken anziehen. Um dieses Problem zu verhindern kann der VA sich Informationen beschaffen oder den VN dazu bringen, sich zu offenbaren.

Damit VN mit 'guten' Risiken nicht abwandern, kann der Staat Pflichtversicherungen einführen. Moral Hazard können reduziert werden, durch Kontrolle der Versicherung, Selbstbeteiligungen oder andere Anreize.

Beim Absatz einer Dienstleistung, muss man die Besonderheiten einer solchen Berücksichtigen. Diese wären Leistungsfähigkeit, Integration des externen Faktors und die Immaterialität von Dienstleistungen.

Die Erstellung einer komplexen Beratungsleistung setzt meist eine besonders ausgeprägte und interpersonelle Interaktion zwischen Kunden und Mitarbeitern voraus, die je nach Art der Beratungsleistung unterschiedlich ausgeprägt sein kann.[22]

Das Dienstleistungsmarketing basiert auf drei theoretischen Grundlagen, den psychologischen Erklärungsansätzen, den sozialpsychologischen Erklärungsansätzen und den organisationstheoretischen Ansätzen.[23]

Die letzten beiden sollen während der Beantwortung der Frage genauer erläutert werden.

---

[21]Vgl. Trumpp, A.:1995, S.113
[22]Vgl. Nissen, V.: 2007, S.181
[23]Vgl. Bareiß, A., Prof. Dr. Merk, J.: 2014, S.19ff

8

Die sozialpsychologischen Erklärungsansätze[24] betrachten die Interaktionspartner und deren Beziehung zueinander.

Sie lassen sich wiederum in drei Theorien unterteilen. Die „Soziale Austauschtheorie" erklärt das Entstehen und Bestehen von Kundenbeziehungen. Der Austausch von Werten steht dabei im Fokus. Die Lieferung eines Wertes durch einen Austauschpartner erfolgt gleichzeitig oder zeitversetzt mit der Lieferung eines Wertes durch den anderen Austauschpartner.

Der Kunde beurteilt die Beziehung zu einem Anbieter nicht nur auf der Basis der Erfahrungen mit diesem Anbieter, sondern auch auf der Grundlage von Erfahrungen mit anderen Anbietern, in der entsprechenden Leistungskategorie.[25]

Die Grundlage eines solchen Austauschs ist das Ziel der Gerechtigkeit. Beurteilt der Kunde diese Austauschbeziehung als gut, wird er dem Dienstleistungsanbieter höchstwahrscheinlich treu bleiben, oder sich für diesen entscheiden.

Die „Anreiz-Beitrags Theorie" vertieft das Verständnis zum Gleichgewicht zwischen Austauschpartnern und zum Entscheidungsverhalten von Kunden, die im Rahmen der Austauschbeziehung nach Gleichgewicht streben. Das Gleichgewicht wird als solches wahrgenommen, wenn die gebotenen Anreize des Dienstleistungsanbieters den Beiträgen des Kunden entsprechen. Bei einem wahrgenommenen Ungleichgewicht folgt als Reaktion das Verlassen der Organisation oder der Nichteintritt.

Die „Anreiz-Beitrags Theorie" geht zusätzlich von einigen Grundannahmen aus.

So ist die Rationalität von Kunden eingeschränkt und ihre Entscheidungen werden auf Grund von Denkfehlern getroffen.

Außerdem sind die vorliegenden Informationen des Kunden oftmals unvollständig, denn es fehlt ihm an Organisation, Fähigkeit oder Engagement, um sich fehlende Informationen zu beschaffen.

Aus diesem Grund sollten Kunden nicht selber nach Informationen über ein Produkt oder eine Dienstleistung suchen, sondern alle relevanten Daten sollten gebündelt und leicht zugänglich für sie zur Verfügung stehen.

Die „Equity – Theorie" vertieft den Gleichgewichtsgedanken in der Austauschbeziehung und betont das subjektive Gerechtigkeitsempfinden der Kunden.

---

[24]Vgl. Bareiß, A., Prof. Dr. Merk, J.: 2014, S.25f
[25]Vgl. Meffert, H., Bruhn, M.,Hadwich, K.: 2012, S.70

Die Theorie geht davon aus, dass Kunden ihr eigenes Input – Outcome – Verhältnis mit dem (wahrgenommenen) des Austauschpartners ins Verhältnis setzen, um die Gerechtigkeit (Equity) des Austauschs zu beurteilen.

Ist dieses Gerechtigkeitsempfinden gestört, kann es beim Kunden auf vier Arten und Weisen wieder hergestellt werden:

1. Durch eine Senkung des vom Kunden wahrgenommenen Inputs (Preissenkung)
2. Durch eine vom Kunden wahrgenommene Steigerung des Outputs (zusätzliche Dienstleistung)
3. Durch eine vom Kunden wahrgenommene Steigerung des Inputs des Dienstleistungsanbieters (zusätzliche Mitarbeiter, zusätzlich angebotene Dienstleistungen)
4. Durch eine vom Kunden wahrgenommene Senkung des Outputs des Dienstleistungsanbieters (geringerer Gewinn, um Preis für die Kunden zu halten)

Die „sozialpsychologischen Erklärungsansätze" weisen einen Bezug zum konkreten Nachfrageverhalten auf, mit der Erweiterung, dass die im Dienstleistungserstellungsprozess wichtige Interaktion zwischen Transaktionspartnern im Vordergrund steht. [26]

Nur durch die Interaktion können Beratungsunternehmen Kenntnisse über die interne und externe Situation des Klienten gewinnen, sich eine spezifische Urteilskraft bilden und eine unternehmensspezifische Problemlösung erstellen.

Die „organisationstheoretischen Erklärungsansätze" [27] setzen sich mit Unternehmen und deren Beziehung zu den relevanten Gruppen in dessen Umfeld auseinander.

Dabei steht das Unternehmen und die Beziehung des Unternehmens zu den Kunden, als Anspruchsgruppe, im Mittelpunkt.

Dieser Erklärungsansatz basiert auf der „Ressource – Dependence – Theorie".

Diese beschäftigt sich mit der Fähigkeit des Unternehmens, das eigene Überleben, durch die Versorgung mit benötigten Ressourcen, sicherzustellen.

Das Zentrum dieser Betrachtung ist die begrenzte Ressourcenverfügbarkeit.

Das Unternehmen muss mit verschiedenen Organisationen in Kontakt treten, die über die benötigten Ressourcen verfügen, um die Existenzbedingung auf Dauer zu sichern.

Die Grundlage dieser Theorie basiert auf vier Annahmen:

---

[26] Vgl. Meffert, H., Bruhn, M.,Hadwich, K.: 2012, S.71.
[27] Vgl. Bareiß, A., Prof. Dr. Merk, J.: 2014, S.27f.

Die Abhängigkeit des Anbieters vom Kunden ist umso größer,

- je höher der Grad der Inanspruchnahme der Kundenressourcen ist
- je höher die Verfügbarkeit der vom Anbieter benötigten Ressource beim Kunden ist
- je höher die marktbezogene Unsicherheit ist
- je geringer die Einflussmöglichkeiten auf die Nachfrager sind.

Der Ansatz des „Ressource – Based – View"konzentriert sich auf die interne Analyse unternehmenseigener Ressourcen und wie diese zu dauerhaften Wettbewerbsvorteilen werden können.

Um einen dauerhaften Wettbewerbsvorteil darstellen zu können, müssen Ressourcen über einige Kriterien verfügen: sie müssen begrenzt, nicht austauschbar und schwer imitierbar sein. Ressourcen stellen das Leistungspotenzial eines Unternehmens dar.

Klassische produktorientierte Marketingkonzepte lassen sich in vier zentrale Aufgaben unterteilen, die „ 4 P's". [28]

1. product (Produktpolitik)
2. price (Preispolitik)
3. promotion (Kommunikationspolitik)
4. place (Distributionspolitik)

Dienstleistungen sind für den Kunden auf Grund seiner Immaterialität viel schlechter zu bewerten, das Kaufrisiko ist also erheblich höher, als bei klassischen Produkten. Der Kunde sucht unterbewusst nach Ersatzindikatoren, für die Qualität einer Dienstleistung. Speziell für den Dienstleistungssektor hat sich der „Marketing – Mix" also um drei weitere „P's" entwickelt:

5. personell (Personalpolitik), ein positives Erlebnis mit einem Mitarbeiter führt zu einem positiven Gesamtbild des Unternehmens.
6. processes (Prozesspolitik), die kontinuierliche Optimierung des Unternehmens, um kundenfreundlicher agieren zu können, ohne die Unternehmensziele aus den Augen zu verlieren.
7. physical evidence (Ausstattung und Wahrnehmung), das Ambiente kann die Kaufentscheidung positiv beeinflusen.[29]

---

[28]Vgl. „Marketing für Dienstleistungen" (21.April 2016), http://www.marketingimpott.de
[29]Vgl. „Marketing für Dienstleistungen" (Mai 2015), http://www.marketingimpott.de

Bei der Vermarktung einer „komplexen Beratungsleistung" muss man einige wichtige Kriterien beachten, damit die Dienstleistung erfolgreich an den Kunden vermarktet werden kann.

Diese Kriterien sollen nun am Beispiel eines Beratungsgespräches bzw. einer Buchung im Reisebüro konkretisiert werden.

Als Vermarkter, in diesem Fall als Reisebüro, muss man die Dienstleistung für den Kunden in erster Linie greifbar machen.[30] So, wie man im Produktbereich kostenlose Proben verteilt, kann man im Dienstleistungsbereich eine kostenlose Probe der Dienstleistung anbieten. So ist es für den Kunden gratis, sich in einem Reisebüro über konkrete Urlaubsangebote zu informieren. Der Kunde erhält Kataloge und vorgerechnete Reiseangebote und kann sich zuhause nochmals in Ruhe damit beschäftigen, bevor er sich für das Buchen einer Reise entscheidet.

Wichtig ist es außerdem, Vertrauen zum Kunden aufzubauen,[31] denn ein Kunde kann sich vor Inanspruchnahme der Dienstleistung nur am Leistungsversprechen des Unternehmens orientieren.

Da Dienstleistungen immateriell sind, müssen sie vom Unternehmen über Kommunikation publik gemacht werden.[32]

Weil Dienstleitungen sehr unterschiedlich sind, erfordern verschiedene Dienstleistungen auch unterschiedliche Ansätze in der Bewerbung.

Bei jeder Dienstleistung zählt die Tatsache : „Der erste Eindruck entscheidet!"

Der Online – Auftritt eines Unternehmens sollte also immer auf dem aktuellen Stand und übersichtlich gestaltet sein. Außerdem ist es wichtig, alle wichtigen Informationen gebündelt für den Kunden zur Verfügung zu stellen.[33]

Anzeigen in Zeitungen sollten durch sympathische Personen, im besten Fall eigene Mitarbeiter, emotional positioniert werden.

Eine solche Website oder Zeitungsanzeige wird am besten, durch Meinungen und Bilder zufriedener Kunden, abgerundet.

Besucht ein Kunde also die Website eines Reisebüros, sollte er eine übersichtliche Gliederung vorfinden. Einige Pauschalreiseangebote, um den Kunden neugierig zu machen und ein Gästebuch, mit Meinungen zufriedener Kunden, wecken das Interesse.

---

[30]„Dienstleistungen effektiv und überzeugend vermarkten" (20.April 2016), http://www.akademie.de
[31]„Dienstleistungen effektiv und überzeugend vermarkten" (20.April 2016), http://www.akademie.de
[32]„Dienstleistungen effektiv und überzeugend vermarkten" (20. April 2016), http://www.akademie.de
[33]Vgl. Bareiß, A., Prof. Dr. Merk, J.: 2014, S.25f.

Kommt es dann zu einem Erstkontakt, ist es wichtig, eine einladende, kundenfreundliche Atmosphäre zu schaffen. Dies verschafft einen sauberen und professionellen Eindruck. Ein Reisebüro kann eine solche Atmosphäre durch entsprechende Dekoration schaffen. Ein Kunde fühlt sich wohl, wenn er ein Reisebüro betritt und ein „Urlaubsfeeling" bekommt, durch Palmen oder beispielsweise schön dekorierte Schaufenster mit Liegestühlen.

Da Dienstleistungen immateriell sind, empfindet ein Kunde die Mitarbeiter als Repräsentant des Unternehmens. Von großer Bedeutung ist also ein kompetentes Auftreten und ein sympathischer Eindruck, denn es ist für den Kunden ein Indikator für die Qualität der Dienstleistung.

Es ist also wichtig seine Mitarbeiter in den Bereichen Kommunikations- und Konfliktfähigkeit, Anpassungsfähigkeit, Teamfähigkeit, Flexibilität, Vertrauenswürdigkeit und Redegewandtheit zu schulen. All diese Bereiche sind bei einem Vertrauensaufbau zum Kunden von zentraler Bedeutung.[34]

Ein Kunde fühlt sich gut aufgehoben und beraten, wenn ein Angestellter des Reisebüros viele Empfehlungen aussprechen kann, von Ländern und Hotels in denen er selber schon gewesen ist.

Ist es zu einem Erstkontakt mit dem Kunden gekommen, gilt es nun, ihn von der Dienstleistung zu überzeugen.[35]

Es gilt, ihm die eindeutige Marktposition des Unternehmens darzustellen. Es ist also wichtig, prägnant und aussagekräftig zu formulieren, was das eigene Angebot unverwechselbar macht. Man kann den Kunden durch Verbindlichkeiten, Schnelligkeit, Flexibilität und Engagement in der Ausführung überzeugen.

Hat ein Kunde sich bei der Wahl seines Urlaubs kurzfristig umentschieden, sollte das für den Mitarbeiter kein Problem darstellen. Es sollte höflich und kompetent nach einem neuen Angebot gesucht werden.

Einen Kunden kann man außerdem begeistern und langfristig binden, indem man seine Erwartungen durch zusätzliche Gesten oder Dienstleistungen übertrifft.

So ist es beispielsweise eine tolle Geste, wenn der Kunde zum Abschluss seiner Buchung eine Flasche Wein oder Sekt erhält.

---

[34]„Dienstleistungen effektiv und überzeugend vermarkten" (20. April 2016), http://www.akademie.de
[35]„Dienstleistungen effektiv und überzeugend vermarkten" (20.April 2016), http://www.akademie.de

Während des Dienstleitungsprozesses muss der Kunde merken, dass er und seine Bedürfnisse im Vordergrund stehen. [36]

Dazu ist es für Mitarbeiter wichtig, jeden Kunden individuell, mit seinen Wünschen, Bedürfnissen und Erwartungen kennenzulernen und sein Dienstleistungsangebot variabel an verschiedene Kundentypen anzupassen.

Nach der Dienstleitung ist es sinnvoll, seine Arbeit vom Kunden bewerten zu lassen. Ist ein Kunde also von seiner Reise heimgekehrt, ist es eine tolle Geste des Reisebüros, ihn anzurufen und nach positiven und negativen Erlebnissen seiner Reise, im Bezug auf Erwartungen und Service des Hotels, zu fragen.

Durch konstruktive Kritik und Lob erhält man schnell Rückmeldung über Schwachstellen im Unternehmen und im Service und kann diese beseitigen.

Ist ein Kunde zufrieden mit der geleisteten Arbeit des Unternehmens, wird er das Unternehmen weiterempfehlen. Ein guter Ruf kann also Voraussetzung für zukünftige lukrative Buchungen sein.

Gründet sich ein Unternehmen neu, ist eine der ersten großen Entscheidungen die Standortwahl. Die Suche nach dem optimalen Standort hat für einen Dienstleister eine besondere Bedeutung, denn eine günstige räumliche Lage trägt entscheidend zum künftigen geschäftlichen Erfolg bei. [37]

Ist die Entscheidung für den Standort eines Unternehmens einmal getroffen, ist sie zwar korrigierbar, dies ist aber mit hohen Kosten verbunden, denn es muss erneut eine Standortanalyse durchgeführt werden.

Eine Standortentscheidung sollte also mit Bedacht und unter Berücksichtigung wichtiger Standortfaktoren getroffen werden.

Standortentscheidungen sind „Entscheidungen darüber, an wie vielen und an welchen geografischen Orten welche Leistungen eines Unternehmens erstellt und abgesetzt werden." [38]

Es gibt eine ganze Reihe an Standortfaktoren, doch nicht jeder ist für das jeweilige Unternehmen von Bedeutung. Der Katalog an Standortfaktoren ist also für jedes Unternehmen zu spezifizieren. [39]

---

[36] „Dienstleistungen effektiv und überzeugend vermarkten" (20. April 2016), http://www.akademie.de
[37] Vgl. Prof. Dr. Knoke, M.: 2005, S.134.
[38] Vgl. Vahs,D./Schäfer-Kunz, J.:2007, S.96.
[39] Vgl. IHK Potsdam (23.April 2016), http://www.ihk-potsdam.de

Die Notwendigkeit der Standortentscheidung ergibt sich aus der fehlenden natürlichen und ökonomischen Homogenität der Fläche, „d.h. Nicht jeder Standort hat den gleichen Einfluss auf unternehmerische Ziele."[40]

Die, für das Unternehmen, wichtigen Faktoren müssen zunächst in einer Standortanalyse festgelegt werden.

Standortfaktoren lassen sich unterteilen in beschaffungsorientierte, absatzorientierte und unternehmensbezogene Standortfaktoren.[41]

Beschaffungsorientierte Standortfaktoren orientieren sich an notwendigen Roh -, Hilfs- und Betriebsstoffen, sowie an Arbeitskräften. Diese Standortfaktoren sind für das Dienstleistungsunternehmen „Reisebüro" nicht von besonderer Relevanz.

Natürliche Gegebenheiten wie Geologie und Klima sind für ein Reisebüro ebenso unwichtig, wie technische Gegebenheiten, also die Nähe zu potenziellen Kooperationspartnern.

Roh-, Hilfs- und Betriebsstoffe, sowie Importmöglichkeiten sind ebenso von geringer Bedeutung.

Einzig wichtig sind die Infrastruktur und die Arbeitskräfte. Es ist also wichtig, dass qualifizierte Mitarbeiter keinen enorm weiten Weg zur Arbeit haben und, dass das Reisebüro eine günstige Lage hat.

Mögliche Räumlichkeiten für ein Reisebüro sollten optimalerweise an einer Hauptstraße in der Innenstadt liegen, mit genug Parkmöglichkeiten, oder aber in einer gut besuchten Fußgängerzone. Von Bedeutung können außerdem benachbarte Geschäfte sein, denn Passanten können auf Angebote im Schaufenster aufmerksam werden, wenn sie beispielsweise am benachbarten Imbiss auf ihr Essen warten.

Absatzorientierte Standortfaktoren sind Kriterien für die Beurteilung der Verwendungs- und Vermarktungsfähigkeit einer Leistung.

Die Bedeutung absatzorientierter Standortfaktoren variiert unternehmensspezifisch.

So ist für ein Reisebüro der Faktor Konkurrenz, das Absatzpotenzial und die Absatzinfrastruktur wichtig.

Befinden sich an dem möglichen Standort oder in naher Umgebung bereits Reisebüros mit einem festen Kundenstamm, ist es höchst wahrscheinlich nicht sinnvoll, dort ein weiteres Reisebüro zu eröffnen.

---

[40]Vgl. Bea, F.X.:2004a, S.344.
[41]Vgl. Prof. Dr. Knoke, M.: 2005, S.136ff.

15

In diesem Falle wäre kein hohes Absatzpotenzial gegeben, denn die Nachfrage einer solchen Dienstleistung wäre bereits erschöpft. Exportmöglichkeiten dagegen sind für ein Reisebüro unwichtig.

Unternehmensbezogene Standortfaktoren fassen die, für ein ganzes Unternehmen geltenden, Standortfaktoren zusammen.

Darunter fallen gesellschaftlich – kulturelle Rahmenbedingungen, politische Rahmenbedingungen, Wirtschaftsordnung und Wirtschaftspolitik, Steuerpolitik sowie staatliche Hilfen. Auf politische Rahmenbedingungen ist zu achten, denn es könnte ein Risiko der Enteignung entstehen.

Die Steuerpolitik bezieht sich auf die laufenden Ausgaben. Sind im Vergleich zu anderen Standorten, die in Betracht kommen, hohe Abgaben zu machen, eignet sich dieser Standort wahrscheinlich nicht, denn es ist wichtig, alle laufenden Kosten so gering wie möglich zu halten, um einen größtmöglichen Gewinn zu erzielen.

Interessant für das Unternehmen ist es zu prüfen, ob es für die Art der angebotenen Dienstleistungen staatliche Förderungen bzw. Subventionen gibt. Für ein Reisebüro ist dies allerdings irrelevant.

Folgenden Standortfaktoren sollte ein Unternehmer, der ein Reisebüro eröffnen möchte, also Beachtung schenken:[42]

Bedarf: An welchen Kunden wendet sich der Unternehmensgründer? Wie ist deren Bedarf einzuschätzen?

Für ein Reisebüro stellt sich also die Frage, sind die Kunden in der Umgebung des potenziellen Standorts überhaupt an der Errichtung eines Reisebüros interessiert, bzw. würden sie diese Dienstleistung überhaupt in Anspruch nehmen?

Kaufkraft: Verfügen potenzielle Kunden in der Umgebung über die nötigen finanziellen Mittel, eine Reise in einem Reisebüro zu buchen?

Es lohnt sich nicht, ein Reisebüro in einer Gegend zu eröffnen, in der die Einwohner oder andere mögliche Kunden kein Geld für diese Art der Dienstleistung haben, beispielsweise ein sozialer Brennpunkt.

---

[42]Vgl. Kafurke, T. (23.April 2016), http://www.unternehmerinfo.de

Konkurrenzsituation: Welche Mitbewerber sind bereits vorhanden und zu welchen Preisen bieten sie ihre Dienstleistung an?

Es ist also wichtig für einen Unternehmer im Vorfeld herauszufinden, ob es schon Reisebüros in der nahen Umgebung gibt und wie teuer die Reisen dort angeboten werden. Es gilt zu überlegen, ob er als Unternehmer Reisen zu den selben Preisen anbieten kann und mit dem Gewinn all seine Kosten decken kann.

Lage: Bei der Standortentscheidung muss außerdem die Verkehrsanbindung der Gewerbefläche berücksichtigt werden. Liegt die Räumlichkeit an einer Hauptstraße oder ist leicht erreichbar? Herrscht dort ein hoher Kundenverkehr und stehen für die Kunden ausreichende Parkmöglichkeiten zur Verfügung?

Der, von der Lage, ideale Standpunkt eines Reisebüros liegt an einer Hauptstraße, in einer Fußgängerzone oder in einem Einkaufszentrum, verfügt über genügend Parkmöglichkeiten und hat idealerweise direkt benachbarte Gewerbeflächen (z.B. Bäcker, Schnellrestaurant).

Gewerberaum: Am einfachsten ist es, das Objekt ist bereits eine Gewerbefläche und verfügt über alle notwendigen Räumlichkeiten (Aufenthaltsraum für Personal, WC) und erfüllt alle Auflagen, ansonsten muss man im voraus klären, ob die Räumlichkeiten eine Gewerbeerlaubnis erhalten würden.

Abschließend ist also festzuhalten, dass jedes Unternehmen verschieden ist und andere Anforderungen an einen Standort stellt. Jeder Unternehmer muss also im Vorfeld festlegen, welche Standortfaktoren für seine Art des Unternehmens von Bedeutung sind. Von der Wahl des richtigen Standorts hängt der geschäftliche Erfolg ab, eine Standortwahl ist also eine Entscheidung, die mit höchster Bedacht und nach der Durchführung einer Markt- und Standortanalyse getroffen werden sollte.

Literatur – und Quellenverzeichnis

Akerlof, G.A.: The Market for "Lemons": Uncertainty and the Market Mechanism, in: Quarterly Journal of Economics, Vol. 84. 1970. S. 488-500.

Arrow, K. J.: Uncertainty and the Welfare Economics of Medical Care, in The American Economic Review, Vol. 53. 1963. S. 941-973.

Bareiß, A., Prof. Dr. Merk, J.: Dienstleistungsmarketing. Studienbrief der SRH Fernhochschule Riedlingen. Riedlingen 2014.

Bea, F.X.: Allgemeine Betriebswirtschaftslehre. 9. Auflage. Lucius und Lucius. Stuttgart 2004. S. 344

Browne, M. J.: Evidence of AdverseSelection in the Individual Health Insurance Market, in: The Journal of Risk and Insurance, Vol. 59. 1992. S. 13-33.

Finsinger, J.: Versicherungsmärkte, Frankfurt. 1983.

Hellwig, M.: Versicherungsmärkte: Theorie B. Versicherungsmärkte mit unvollständiger Information, in: Farny, D./Helten, E./Koch, P./Schmidt, R.(Hrsg.): Handwörterbuch der Versicherung, Karlsruhe. 1988. S. 1065-1076.

Hirshleifer, J./Riley, J. G.: The Analytics of Uncertainty and Information, Cambridge. 1992.

Meffert, H., Bruhn, M., Hadwich, K.: Dienstleistungsmarketing: Grundlagen – Konzepte – Methoden. Springer Verlag. 2012. S.70.

Nissen, V.: Consulting Research: Unternehmensberatung aus wissenschaftlicher Perspektive. Springer Verlag. 2007. S. 181

Prof. Dr. Knoke, M.: Betriebswirtschaftliche Ansätze und Aufgabenfelder. Studienbrief der SRH Fernhochschule Riedlingen. Riedlingen 2005.
Rothschild, M./Stiglitz, J.: Equilibrium in Competitive Insurance Markets: An Essay on the Economics of Imperfect Information, in: The Quarterly Journal of Economics, Vol. 90. 1976. S. 629-649.

Spremann, K.: Asymmetrische Information, in: Zeitschrift für Betriebswirtschaft. Jg. 60, Nr. 5/6. 1990. S. 561-586.

Trumpp, A.: Kooperation unter asymmetrischer Information; Eine Verbindung von Prinzipal-Agenten-Theorie und Transaktionskostenansatz, Hamburg 1995.

Vahs, D., Schäfer-Kunz, J.: Einführung in die Betriebswirtschaftslehre. 5. Auflage, Schäffer-Poeschel. 2007. S. 96.

Zweifel, P./Eisen, R.: Versicherungsökonomie, 2. Auflage, Berlin. 2003.

Internetquellenverzeichnis

Hillmann, A.: Repetitorium Marktversagen, Asymmetrische Informationen. (o.J.)
URL: http://www.marktversagen-fernuni.de/html/asymmetrische_information.html (19. April 2016)

IHK Potsdam.: Standortwahl und Standortsicherung, Merkblatt für Existenzgründer. 2011.
URL: http://www.ihk-potsdam.de/blob/pihk24/standortpolitik/04_raumordnung_und_planung/gewerbeflaechen/Standortwahl_und_Standortsicherung/2341368/3e30932922bc3d186d079404d6de7069/merkblatt_standortwahl-data.pdf (23. April 2016)

Johne, T.: Dienstleistungen effektiv und überzeugend vermarkten. 27. Juni 2012.
URL: http://www.akademie.de/wissen/marketing-fuer-dienstleistungen/erwartungen-uebertreffen (20. April 2016)

Kafurke, T.: Die Standortanalyse. 25. Juni 2002.
URL:http://www.unternehmerinfo.de/Gruendung/Allgemein/Existenzgruendung_Standortanalyse.htm (23. April 2016)

Sklenak, S.: Marketing für Dienstleistungen – aus 4 wird 7. 20. Mai 2015.
URL: http://www.marketingimpott.de/blog/marketing-fuer-dienstleistungen-aus-4-wird-7 (21. April 2016)

(o.V.): Informationsasymmetrie, Ökonomie und Wirtschaft einfach erklärt. 22. Mai 2013.
URL: http://www.informationsasymmetrie.info/ (18. April 2016)

(o.V.): Asymetrische Information. (o.J.)
URL: https://de.wikipedia.org/wiki/Asymmetrische_Information (17. April 2016)

(o.V.): Asymmetrische Informationsverteilung. (o.J.)
URL: http://www.wirtschaftslexikon24.com/d/asymmetrische-informationsverteilung/asymmetrische-informationsverteilung.htm (18. April 2016)

BEI GRIN MACHT SICH IHR
WISSEN BEZAHLT

- Wir veröffentlichen Ihre Hausarbeit,
  Bachelor- und Masterarbeit

- Ihr eigenes eBook und Buch -
  weltweit in allen wichtigen Shops

- Verdienen Sie an jedem Verkauf

Jetzt bei www.GRIN.com hochladen
und kostenlos publizieren